AF586373

LE CARESME PRENANT, ET LES iours gras de Tabarin & d'Ysabelle.

Discours remply de questions, demandes & subtilitez extraordinaires & Tabariniques.

Ensemble vn petit Compendium de ses rencontres, plaisanteries, & farces ordinaires assaisonnées, & faconnées à la sause de ses inuentions.

Le tout tiré & extraict du plus creux de la gibbeciere de ses imaginations.

Qui veut rire à double maschoire
Qu'il vienne lire ceste histoire.

M. DC. XXII.

LE CARESME-PRENANT, & les iours gras de Tabarin & d'Ysabelle.

LES iours gras ont esté de tout temps appellez Bachanalles, comme festes dediées à Bacchus tuteur des iurongnes, & grandemẽt renõmez tant par les anciens que les modernes. Tabarin ne veut pas encourir le blasme d'estre le dernier à luy faire hommage, il est trop grand amy du bon pere Denys, aussi l'a il choisi entre tous les dieux, pour estre graué & emburiné au derriere de son image, qu'il a fait tailler depuis peu, afin de colorer auec plus de solemnitez ce Caresme-prenant. Ysabelle aussi de son costé n'y veut pas manger son pain de flair, elle ayme mieux y apporter son escuelle, & y venir elle mesme, bien que ſa marmite ſoit fendue. Tabarin ſcait biẽ qu'elle ne ſe caſſera iamais, car il a de la pommade qui eſt bonne pour les creuaſſes.

Le premier ſeruice que Tabarin met ſur table, c'eſt, *bene viuere & lætari*, pour moy ie croy qu'il n'y a rien meilleur au monde, car vn flaccon a meilleure mine qu'vne bouteille vuide, il a tiré ſans doute ceſte deuiſe du 5. chapit. *de natura bibentium* liure aſſez fameux, ou l'on boit tout plein d'antiquitez touchant l'origine des nez rouges, & les premiers fondateurs de l'vniuerſité de la fripponerie, ce docteur ſi excellent n'eut ſceu mieux rencontrer, car *bene viuere*, vaut autant a dire en gaſcon *que bene bibere*, auſſi dit on touſiours d'vn gaſcon qui ſcait oſter l'humidité des pots, qu'il ſcait bien gaſconner vne bouteille.

Le ſecond mets dont ils veut honorer les assistans est de son baume, qui est bon pour toutes sortes de blessures, *verbi gratia*, si vn homme pour l'experimenter se coupoit la teste, en ce cas là, les Chappeliers ne gaigneroient plus rien apres luy, encor moins si l'on se coupoit vn bras, il ny auroit pas de plus empesché que monsieur le cul, il luy faudroit faire prouision d'vn valet de chambre pour luy torcher sa bouche. Outre plus pour le mal des reins, Tabarin asseure qu'en se frottant de son medicament, si on a mal à Rheins & qu'on aille à Chalons, qu'infailliblement on n'aura plus mal à Rheins, & que quand on est guary, qu'on se peut asseurer qu'on n'a plus de mal, outre plus si on se plaint du mal de teste, qu'il ne faut qu'aller engraisser l'eschelle du Temple, le mesme en est de la Religion de maistre Thomas qu'il faudra frotter, si on se sent infirme de la poitrine.

Pour le troisiesme seruice, Tabarin presente vne boite de pommade, & dit qu'il n'y a rien de plus souuerain pour les iours gras, principalement si les choux sont gelez. outre plus si par quelque rauine d'eau, ou manquement de soustien, vne maison venoit à se creuasser. Il ne faut que prendre quatre ou cinq cens boetes de sa pommade, & la graisser du haut iusques au bas, il n'y a rien meilleur pour les fentes, bien que le dernier iour, vne seruante du quartier de la place Maubert y fut trompée, car elle y alloit à la bonne foy, ie croy qu'elle y eut bien employé toute la boutique pour reioindre sa creuasse. Tabarin ne pouuant autrement la reguarir luy donne vne inuention, sçauoir est, de s'y faire attacher des boutons & des boutonnieres, afin de le tenir ouuert & estroit à sa volonté,tout eſt de Careſme-prenant, peut eſtre que ie parle trop gras pour quelques vns.

Ce conſeil fut ſuiuy & approuué pour des boutons, elle en auoit deſia plus de deux douzaines, qui ne luy auoient rien couſté, depuis la mode eſt venuë à pluſieurs ſeruantes de ſe recoudre leur pucellage, principalement quand la babolle eſt abbatuë l'entrefeſſon ride, le guilleuart eſlargi, le ponnant debiffé, le halleron deſmy, l'arrierefoſſe ouuerte, le quilboquet fendu, le lipion recoquillé, la dame du milieu retirée, les toutons deſuoies, le lipondis pelé, les barres froiſſees, l'enchenart retourné, & le barbidaut tout eſcorché, c'eſt vn augure tres-grand & vn ſigne tres-euident, que leur pucelage s'eſt laiſſé derriere. mais eſcoutons vn peu Tabarin, il me ſemble qu'il entre en chaire.

Paradoxe du seigneur Tabarin.

Les asnes sont les premiers musiciens du monde (excepté monsieur le cul, car il iouë des orgues, & soufle tout ensemble) *Probo minorem*. pour estre bon Musicien, il est requis d'auoir quatre choses, bonne veuë, bõne ouie, bonne voix, & bonne mesure. Bõne veuë, car il faut tousiours bien voir clair à manger sa soupe, aussi les aueugles par vn arrest de la cour des quinze-vingts ne sont pas tenus d'ouurir les yeux. Bonne oreille, car tout le contentemẽt de louye depend de l'oreille: bonne voix, car est l'organe des Musiciens, pour la mesure chacun scait bien que les Musiciens la boiuent toute pleine, vn asne à toutes les quatre choses en sa nature asinique, il a bonne veuë, car il ne luy faut pas de lunettes, aussi bien est il camus. Outre ce qu'il a les yeux aussi grands que deux saillieres,

bonnes

bonnes aureilles, qui voudroit auoir de plus belles aureilles qu'vn asne, iamais Midas n'en eut de si longues, il est assés euident qu'on ne luy a pas baillé de beguin quãd il estoit petit: pour la mesure, il en a vn bon pied, il est assés aisé de le voir au mois de May quand il court apres les femelles, il bat la mesure auec proportion. quãt à la voix son harmonie est si delicate que quand il entonne vn air vous verrez les mõts & forests se resiouyr & chãter d'allegresse, c'est de sa voix qu'on a tirée l'inuention des cinq voielles ha he hi ho hu.

Les Philosophes disent que la femme est de mesme matiere que les hõmes, ils se sont grandement abusez, car ie trouue qu'il sont de buis, sçauoir est de buis, de tremble, & de sapin, ils ont la teste comme partie superieure faicte & composée de buis dur comme tous les diables, le cul &

les fesses sont faictes de bois de tremble, bois assez cogneu, aussi ne sont ils iamais en seureté, ils tremble sans cesse principalement quand le marteau est sur l'enclume, si le derriere est de temble le deuãt est fait de bois de sapin, tendre, delicat, il ne faut pas beaucoup pousser pour les percer on n'y a que faire des villebrequins des Menuisiers, ny des ferremẽts des Serruriers leur, cadenat est bien-tost ouuert.

Puisque nous sommes aux iours gras, il n'y a pas de danger de parler grassement, ceux qui ne voudront sentir ce discours, il n'ont qu'à boucher leurs narines, & mettre deux troux en vn: vn odeur chasse l'autre: le cul est vne des premieres parties du corps des plus honnestes & plus courtoises, comme celuy pour qui tous les membres trauaillent, qui cõtribue ce qu'il a de meilleur pour enfumer les parterres de ses voisins: aussi est il venerable, il porte barbe comme les Philosophes, & a cela de difference auec le nez qu'il est pelu par dehors, & vostre né dedan. outre plus la peinture est vn art estimé diuin, pour les raretez dont il est annobli, & qui s'y rencontrent, mais monsieur le cul a cela de particulier, qu'il est le premiere peintre du monde, il crayonne des mieux principalement quand par quelque colique merdique, il a estallé sa foire & sa marchãdise: il vous broye vne couleur dans le marbre de ses fesses auec industrie & facilité, & qui plus est on n'a que faire de porter les tableaux au doreur, il sçait vne inuẽtion nouuelle pour peindre en or & dorer sur la toille nõmement quand la chemise luy est appliquée.

Procez deuant Tabarin.

Il y a procez intenté entre Guillot

l'esuienté, & Guillemain Blanfeure, l'vn dit auoir cooperé en la structure au bastiment, pilotis, closture & emboucheure de Guillemette niepce dudit blanfeure, & que par ceste combination sans aucun edit en faueur de l'vn ou de l'autre, le ventre de ladicte Guillemete se seroit hidropisé & enflé au grand deshõneur de sa race, qui ne fit iamais autre chose depuis les vieux tayõs iusques aux descendans, cause pourquoy ledict leuenté desiroit auoir l'vsufruit de ce profit de ceste enfleure, requerãt sur ce les biens d'adiudication, se disant auoir plus trauaillé que les autres, & qu'il vouloit retirer le profit de ses semences & arrousement. que s'il y auoit quelqu'vn qui y dit auoir part, il se disoit le premier. Guillemain blanfeure tuteur & curateur de Guillemette sa niepce remonstre humblement que ce seroit vne indiscretion tres-grande , d'adiuger l'enfant audict l'euenté, par ce que sa niepce y auoit grandement coo-peré & contribué du sié, qu'outre plus elle auoit faict dauantage que plusieurs femmes qui seront mariees vingt ans sans auoir aucune lignee, qu'elle bien que nō mariee auoit taché à se guarantir de ce reproche, apportāt de plus vn edict donné en la cour de macquerelage en faueur de sa mere, qui auoit iadis esté en méme peine. Les lettres veues, ce procez destourné & mis à l'inquisition, apres vn asseuré tesmoignage de part & d'autre, nonobstant l'interiection d'appel Tabarin par vn arrest irreuocable a prononcé es mots.

Arrest de Tabarin sur le procez intenté.

Nous Tabarin Docteur Regent en la faculté de la place Dauphine, tenant nostre escolle ordinaire au deuant du cheual de bronze apres auoir bien & deuement examiné le fait interuenu entre Guillemain blã-feure, & Guillot l'euenté, ſur le procez porté cy deſſus, auons de pleine puiſſance & authorité abſolue cõdãné & par ces preſentes condamnons ledict l'euenté, à ſe deſiſter de ſa demande, &ne plus importuner les defendeurs de ces portiõs & requeſtes. outre plus voulons & ordonnons, que ladicte Guillemette iouira de sõ benefice, enioignant a tous de ne la troubler ny donner empeſchement quelconque à la nouriture & eſleuement de ſon fruict, fondez principalement ſur vn arreſt du 19. May 1556. donné en la cour des vachers, où il eſt porté amplement qu'vne vache qu'on meine au taureau, en payant ſon ſalaire ne doit point donner au maiſtre dudict taureau l'vſufruict de ſa beſongne, ains doit demander à celuy a qui appartient la vache. Outre plus mandons au premier nostre huissier tenant sa boutique pres de la fontaine de mettre a execution nostre present arrest. Car tel est nostre plaisir, donné à Paris le 34. du mois de Feburier à venir.

C'est vn trait de courtoisie d'oster le chappeau, mais les tireurs de laines sont les plus courtois, car ils ostét le manteau & le chapeau tout ensemble. ils sont du mesme naturel que ceux qui ne se seruent pas de gans ny en hyuer, ny en esté. C'est vne belle proprieté à la verité, & vn plaisir quand on trouue sa soupe toute taillée, aussi sõt ils pl⁹ glorieux que les pourceaux, car vn pourceau ayme mieux à briscoler vn estronc dãs sa gorge qu'vn bouquet sur son oreille, nos gens de courte espée ne sont pas de la sorte, vous les voyez tousiours sans gans, & quand ils ont froit il taschent à mettre la main dãs les poches de leur compagnon par les rechaufer, il eſt temps de quitter la banque, i'ay tracé ces lignes pour auantcourieres, d'vn liure plus gros qu'on vous preſentera d'icy à quatre ou cinq iours, ou vous verrez toutes les plaiſanteries de Tabarin gaillardement deſcrites.

www.ingramcontent.com/pod-product-compliance
Lightning Source LLC
LaVergne TN
LVHW052041160826
845678LV00003B/1460

9782329631905